LAS NIÑAS PUEDEN SER REYES

Libro para colorear

ex libris

JACINTA BUNNELL

LAS NIÑAS PUEDEN SER REYES
Libro para colorear

JACINTA BUNNELL

Traducido al español por Fernanda Siles y Joan Mena

Diseño gráfico por Joan Mena, Alanna Rebbeck, Michael Wilcock y Jacinta Bunnell

Editora en español María Cristina Brusca

ISBN: 978-1-62963-707-5

queerbookcommittee.com

PM Press
PO Box 23912
Oakland, CA 94623
pmpress.org

Reach & Teach
144 W. 25th Avenue
San Mateo, CA 94403
reachandteach.com

Printed in the USA

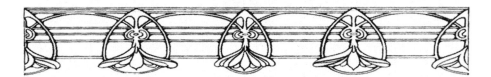

Quienes hemos sido criadas como chicas o nos identificamos como tales, hemos recibido la idea de que hay algo malo, inferior o limitado en ser una chica. Esto no es cierto y nunca lo ha sido.

El título de este libro fue inspirado por Seondeok de Silla, una joven coreana del siglo séptimo que se convirtió en la primera reina de Silla a pesar de un levantamiento en su contra, avivado por la consigna: "¡Las chicas no pueden ser reyes!".

Las chicas somos líderes, creadoras, directoras, jugadoras de fútbol, astronautas y superheroínas. Cuando la voz de una chica es estimulada, esta resuena, brilla con perfecta protesta e intelecto y contiene todo lo que es posible. Las chicas pueden ser lo que elijan ser. Las chicas pueden ser reyes.

plié, relevé, tour jeté...

Ella se aprendió los nombres de los pasos de ballet muy disciplinadamente y los practicó todo el camino hacia su clase de mecánica.

Ella agrupó a todos los
malhumorados dictadores y los
sacó rápidamente del pueblo.

No todas las niñas que adoran el maquillaje
se convierten en muchachas delicadas.

Debajo de su ropa de moda, que le sirvió de escondite por mucho tiempo, ella encontró un gran gusto por su propio cuerpo.

Levántate. Habla. Sé rebelde.

Tómense de las manos y corran juntas a la clase de karate.

Construyan un camión con rótulos, llénenlo de gaseosas dietéticas y condúzcanlo al basurero.

Cubran las balanzas de los baños con dinosaurios de plástico y figuritas de acción para que los números no se vean.

Ámense las unas a las otras.

Nadie quiere luchar contra el patriarcado sin compañía.

Haz amistades.

Ella llevó su Barbie al intercambio de juguetes
y la cambió por algo menos destructivo.

Por su mirada astuta sabemos que ella
hoy no irá a su sesión de costura.

No te dejes atrapar por la calabaza de otra persona.

Ella pelea estupendamente
el domingo del Súper Tazón.

JACINTA BUNNELL

Ella no pone la comida en la mesa
con tenedores, sino con tractores.

Las grandes olas no son
sólo para chicos.

¿Quién dice que a las niñas
no les gusta jugar con tierra?

Usa zapatos.

No vivas en ellos.

¿Te tiene aburrida el proyecto de Clonación de Tacones y Carteras?

¡Prueba algo nuevo!

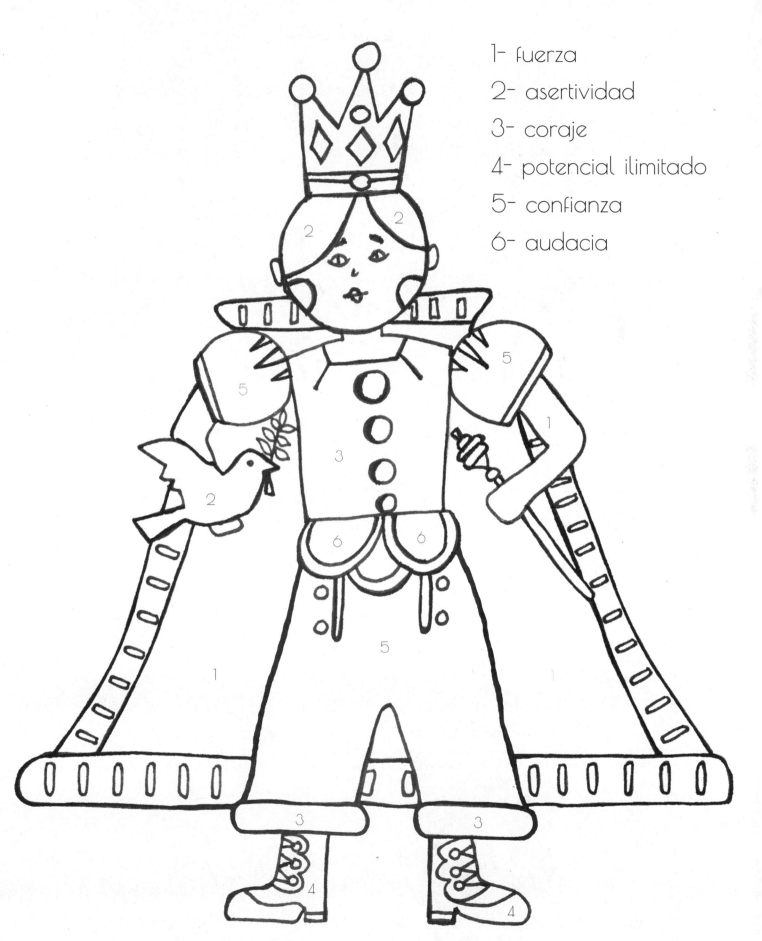

1- fuerza

2- asertividad

3- coraje

4- potencial ilimitado

5- confianza

6- audacia

Esta vez tenía un par de herramientas, tijeras, un rollo de cinta adhesiva, la biografía de Frida Kahlo y un pase de autobús.

Ella no aguantaba las ganas de probarse esos nuevos zapatos cómodos de los que tanto hablaban.

Incautaron el bus e iniciaron
su propia escuela, la cual tenía
muchos tambores y equipos
mixtos de fútbol.

Cuando dejó de perseguir la zanahoria de la feminidad convencional, al fin pudo saborear ser mujer.

Juramos lealtad...

a todas las bandas de mujeres, a los movimientos *pro choice*, a la brujería y a las raperas.

JACINTA BUNNELL

Ella les pitó a todos los piropos
ofensivos y las burlas acosadoras.

JACINTA BUNNELL

Ella se liberó de todas
las expectativas y tomó
lecciones de patinaje,
alpinismo y carpintería.

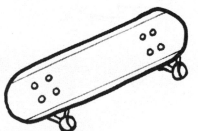

Ella les dio una revisión completa a sus libros, sacando a las princesas indefensas y regresándoles a las brujas el poder de curar y decir la verdad a los niños y niñas.

ACERCA DE LA AUTORA

Jacinta Bunnell es una porrista rehabilitada que ahora organiza reuniones en su fortaleza de amistad para animar a todo tipo de gente rara. Le encanta hacer cosas: amistades, arte, libros artesanales y cualquier cosa con pegamento en barra. Sus cosas favoritas en este mundo no requieren electricidad.

ACERCA DE LA TRADUCTORA

Fernanda Siles cree que en los libros puede hechizarse el futuro. Ella es nicaragüense; ama jugar, reír y escuchar y a eso se dedica. Trabaja con grupos para facilitar el diálogo y la reflexión. Cree que las niñas merecen futuros abiertos que se puedan llenar de colores, por eso hace diez años se enamoró de este libro y soñó que ojalá algún día pudiera llegar a sus tierras. ¡Ese conjuro funcionó!

Eterna gratitud a mis amigas Julie Novak y Lynn Bondar, quienes ayudaron a diseñar la edición original de este libro en inglés. Mucho amor a Fernanda Siles, quien, con mucho cuidado, tradujo este libro al español, movida por su deseo de compartirlo con ustedes. Enormes gracias a Joan Mena y Michael Wilcock, quienes trabajaron en la diagramación y el diseño, siempre mostrando una disposición y una gracia incomparables. Mi agradecimiento a Alanna Rebbeck, por sus agudos ojos de búho y su paciencia de pitón.

ACERCA DE PM PRESS

PM Press fue fundada a finales de 2007 por un pequeño grupo con décadas de experiencia en publicación, medios de comunicación y organización. Ramsey Kanaan, cofundador de PM, inició AK Press cuando todavía era un muchacho en Escocia, hace aproximadamente treinta años. Junto con sus queridos conspiradores de PM Press, ha publicado y distribuido cientos de libros, opúsculos, CD y DVD. Integrantes de PM han fundado ferias de libro muy duraderas, campañas de organización comunitaria muy victoriosas. Han trabajado de cerca con tiendas de libros, conferencias académicas y hasta bandas de rock para transmitir ideas políticas desafiantes en todos los caminos de la vida. Somos suficientemente viejos para saber lo que estamos haciendo y suficientemente jóvenes para saber lo que está en juego.

Buscamos crear libros de ficción y de no ficción que sean radicales y estimulantes, opúsculos, camisetas, materiales visuales y audios para entretenerte, educarte e inspirarte. Pretendemos distribuirlos mediante todos los canales disponibles, a través de toda la tecnología que esté a nuestro alcance, ya sea que estés viendo clásicos anarquistas en nuestro puesto en alguna feria de libros, leyendo nuestro último libro de cocina vegana en el café, descargando libros electrónicos de ficción, o buscando nueva música y vídeos en nuestra página web.

PM Press siempre está buscando voluntarios y voluntarias con mucho talento y habilidades, artistas, activistas, escritores y escritoras con quienes trabajar. Si tienes una idea para un proyecto, o puedes contribuir de alguna forma, por favor, contáctanos.

PM Press
PO Box 23921
Oakland, CA 94623
www.pmpress.org

ACERCA DE REACH AND TEACH

Reach and Teach es una compañía de aprendizaje, sobre, paz y justicia social que apuesta a transformar el mundo a través de momentos de aprendizaje. Reach and Teach publica y distribuye libros, música, afiches, juegos, currículos y DVD que se enfocan en la construcción de la paz y la sanación del planeta.

Reach and Teach
144 W. 25th Avenue
San Mateo, CA 94403
www.reachandteach.com

FRIENDS OF PM PRESS

These are indisputably momentous times – the financial system is melting down globally and the Empire is stumbling. Now more than ever there is a vital need for radical ideas.

In the many years since its founding – and on a mere shoestring – PM Press has risen to the formidable challenge of publishing and distributing knowledge and entertainment for the struggles ahead. With hundreds of releases to date, we have published an impressive and stimulating array of literature, art, music, politics, and culture. Using every available medium, we've succeeded in connecting those hungry for ideas and information to those putting them into practice.

Friends of PM allows you to directly help impact, amplify, and revitalize the discourse and actions of radical writers, filmmakers, and artists. It provides us with a stable foundation from which we can build upon our early successes and provides a much-needed subsidy for the materials that can't necessarily pay their own way. You can help make that happen – and receive every new title automatically delivered to your door once a month – by joining as a Friend of PM Press. And, we'll throw in a free T-Shirt when you sign up.

Here are your options:

- · $15 a month: Get 3 e-Books emailed to you plus 50% discount on all webstore purchases.
- · $30 a month: Get all books and pamphlets plus 50% discount on all webstore purchases
- · $40 a month: Get all PM Press releases (including CDs and DVDs) plus 50% discount on all webstore purchases
- · $100 a month: Superstar – Everything plus PM merchandise, free downloads, and 50% discount on all webstore purchases

For those who can't afford $30 or more a month, we're introducing Sustainer Rates at $100, $50, $20, $15, $10 and $5. Sustainers get a free PM Press T-shirt and a 50% discount on all purchases from our website.

For those of you who don't want paperback books (or can't stand international shipping costs), we're introducing the e-Books Friends of PM Press membership for $15 a month. Members receive three recent PM e-Books via email at the beginning of the month plus a 50% discount on all purchases from our website.

Your Visa or Mastercard will be billed once a month, until you tell us to stop. Or until our efforts succeed in bringing the revolution around. Or the financial meltdown of Capital makes plastic redundant. Whichever comes first.

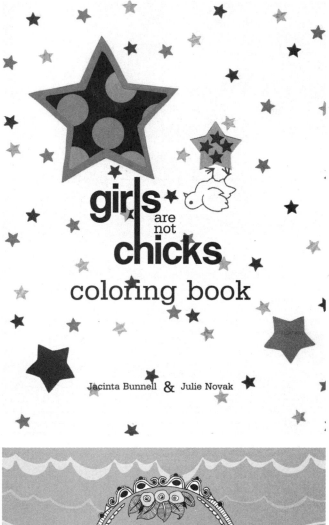

girls are not **chicks** coloring book

Jacinta Bunnell & Julie Novak

SOMETIMES THE SPOON
RUNS AWAY WITH ANOTHER SPOON
COLORING BOOK

WORDS BY JACINTA BUNNELL · PICTURES BY NAT KUSINITZ

the BIG GAY Alphabet COLORING BOOK

JACINTA BUNNELL & LEELA CORMAN

girls will be boys will be girls will be...

COLORING BOOK

JACINTA BUNNELL